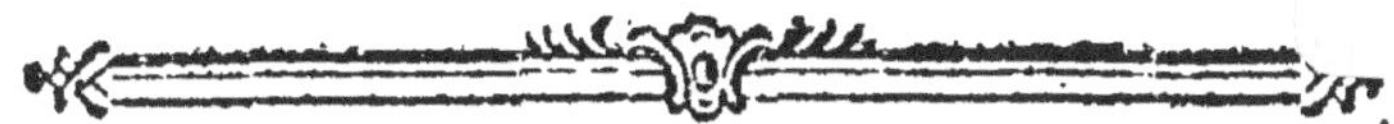

NOTICE

D'UNE COLLECTION DE TABLEAUX DES TROIS ÉCOLES,

Parmi lesquels on remarque quelques Morceaux distingués.

Gouaches & Dessins sous-verres par différens Grands-Maîtres, Terre cuite, Marbres & Bronzes, Porcelaines anciennes & autres richement garnies, Candelabres, Flambeaux, Feux & Bras dorés, plusieurs Pendules de tous genres, dont quelques-unes du meilleur goût & par de bons Auteurs, &c. &c. &c.

ÉCOLE D'ITALIE.

Guido Reni.

N° 1er. UN Tableau de la première manière de cet Artiste, représentant l'Amour endormi. Ce morceau ne paroît point laisser de doutes sur son originalité. Haut. 36 p. larg. 48. T.

A

Carlo Maratti.

2 Un Tableau d'après *le Corrège*, représentant Jupiter sous la forme d'un signe carressant Léda. Haut. 25 p. larg. 14. T.

Gasparo Van Vitelli.

3 Deux très-beaux Tableaux représentant des vues de Venise, avec diverses figures spirituellement touchées. Haut. 24 p. larg. 36. T.

Gaspre Poussin.

4 Un Point de vue de paysage, offrant un site de caractère. Haut. 14 p. larg. 17.

Parmesan.

4 *Bis*. Un petit Tableau sujet de dévotion, composé de sept figures. Ce morceau est d'une touche savante. Haut. 7 p. 6 lig. larg. 9. B.

Barth. Morillos.

5 Saint Jean-Baptiste dans la désert. Cette figure, admirablement peinte dans le style du *Guide*, est vue detrois quarts, & se trouve éclairée d'unre flet de soleil très-piquant. Ce morceau, gravé par *Melan*, est digne de fixer l'attention des Amateurs. Haut. 27 p. larg. 21. T.

NOTICE

D'UNE COLLECTION DE TABLEAUX DES TROIS ÉCOLES,

parmi lesquels se trouvent des Morceaux distingués,

Gouaches, Miniatures & Dessins sous-verres par différens Grands-Maîtres, Terre cuite, Marbres & Bronzes, Porcelaines anciennes & autres richement garnies, Candelabres, Flambeaux, Feux & Bras dorés, plusieurs Pendules de tous genres, dont quelques-unes du meilleur goût & par de bons Artistes, &c. &c. &c.

Dont la Vente se fera au plus offrant & au comptant, le Lundi 3 Juin 1793, & jours suivans de relevée, en la grande Salle des Ventes, rue J. J. Rousseau, Maison de Bullion.

L'exposition publique de tous les objets contenus dans cette Notice, aura lieu le Dimanche 2 Juin & le matin du jour de la Vente, depuis onze heures jusqu'à deux.

La présente Notice se trouve à PARIS,

Chez A. J. PAILLET, Md de Tableaux & de tous Objets curieux, rue J. J. Rousseau, Maison de Bullion.

le Citoyen VALLET, Huissier-Priseur, rue Saint-Martin.

M. DCC. XCIII.

F. SOLIMENE.

6 Un Tableau de la plus grande perfection, offrant le sujet de Diane & Endymion, accompagnés de deux Amours, qui forment le plus agréable accessoire. Haut. 14 p. larg. 18. T.

Style du GASPRE.

7 Un beau Tableau de paysage avec figure de Pâtre, près d'un tombeau, gardant des moutons & des chèvres. Haut. 24 p. larg. 19. T.

LOCATELLI.

8 Un Paysage vue d'Italie, avec diverses figures. Haut. 17 p. larg. 24. T.

De l'Ecole Espagnole.

9 Un Tableau d'un dessin exact & d'une touche très-terminée, représentant le sujet de la Décolation de Saint Jean, composition de neuf figures. Ce morceau, d'un vrai mérite, provient d'une collection d'Italie très-renommée. Haut. 16 p. larg. 12. C.

CALRACCIO.

10 La Vierge représentée assise, tenant Jesus sur ses genoux. Près de ce groupe on voit encore Saint Fran-

çois. Les Tableaux de ce Maître sont peu connus & très-rares à rencontrer : celui-ci a été envoyé d'Italie. Haut. 10 p. larg. 16. T.

ÉCOLE FLAMANDE.

D. TENIERS.

11 Un Intérieur de tabagie, dans lequel on compte six figures de paysans, dont plusieurs s'amusent à jouer aux cartes. Un des personnages qui se distingue sur le premier plan est un homme vêtu de bleu & coëffé d'une toque rouge. Haut. 10 p. larg. 7. B.

PAR LE MÊME.

12 Un autre Tableau très-fin de touche offrant une composition dans le style de *Breughel*. Haut. 9 p. larg. 14. B.

PAR LE MÊME.

13 Un Paysage, du ton de couleur le plus argentin, dont le premier plan est orné d'une figure d'homme en manteau noir qui tient un enfant par la main; on distingue encore sur le second plan deux personnages. Haut. 11 p. larg. 8. p. 6 lig. B.

JACQUES RUYSDAEL.

14 Un Tableau du meilleur choix & clair dans tous ses détails ; il représente un point de vue de paysage du site le plus heureux ; la partie droite est occupée par des arbres bien feuillés qui indiquent l'entrée d'une forêt ; à gauche on voit une marre, des roseaux & broussailles, & un champ de bled. Ce tableau, admirable dans toute son exécution, est orné de diverses figures. avec animaux qui présentent la touche précieuse *d'Adrien Van de Velde* ; nous ne doutons pas que les connoisseurs & amateurs fixerons leur attention sur ce morceau capital dans son genre. Haut. 19 p. larg. 25. T.

PAR LE MÊME.

15 Un autre Tableau aussi de la belle touche de ce célèbre Paysagiste, offrant un point de vue des campagnes de Harlem. On distingue dans la partie droite une blanchisserie de toile, coupée de plusieurs canaux. Haut. 14 p. larg. 19. T.

CORNEILLE DEKER.

16 Une Vue de paysage prise dans les bruyeres d'Anvers, avec quelques figures, parmi lesquelles on distingue un paysan, son chien, & un jeune garçon dans un chemin. Haut. 14 p. larg. 22. B.

AD. VAN OSTADE.

17 Un Tableau représentant un intérieur de tabagie dans laquelle on compte cinq figures de paysans dont un est debout tenant un verre tandis que les autres sont occupés à allumer leurs pipes. Haut. 11 p. larg. 8. B.

PAR LE MÊME.

18 Deux petits Tableaux représentans des bustes d'hommes. Diamètre 3 p. B.

PH. WOUVERMANS.

19 Un Tableau de paysage, mêlé de ruines & de fabriques, auprès desquelles on voit un cheval blanc & deux autres à côté d'une mangeoire; on y distingue encore une femme, vue par le dos, qui tient un enfant par la main, plus loin un chien & un grouppe de deux figures; le premierplan, orné de plusieurs personnages, laisse voir un homme tenant un cheval par la bride; des lointains bien entendus terminent cette composition intéressante. Haut. 18 p. larg. 20 p. 6 lig. T.

PAR LE MÊME.

20 Un autre tableau de paysage avec figures & chevaux, dont l'effet indique un hiver; on remarque

fur le premier plan un cheval blanc qui mange, tandis qu'un bucheron fend du bois pour en charger un autre cheval. Haut. 12 p. larg. 16. B.

Nicolas Berghem.

21 Un très-beau Tableau de Payfage, dont la partie gauche eft occupée par un monument de ruines formant des arcades. Le premier plan eft agréablement enrichie de figures & divers animaux de cette touche précife & fpirituelle qui caractérife les plus beaux ouvrages de *Berghem*. Ce morceau dont la réputation eft faite dans la Curiofité, provient de la précieufe Collection de *Gregori Paage*, Anglois. Haut. 25 p. larg. 30 p. 6 l. T.

Adrien Van de Velde.

22 Un petit Tableau de payfage, très-fin de touche, orné de figures & animaux fur le premier plan. On y remarque une vache blanche, de la belle touche de cet Artifte. Haut. 7 p. 6 lig. larg. 9 p. 6 l. B.

Corneille Poelemburg.

23 Un Tableau de la plus grande fineffe d'exécution, repréfentant un payfage orné de quelques figures de femmes qui fe baignent & divers animaux. Haut. 6 p. larg. 8. B.

PAR LE MÊME.

24 Un autre Tableau aussi très-précieux, représentant un rocher au travers duquel on distingue la perspective d'une belle campagne, ornée d'arbres, & quelques animaux. Le premier plan & le second sont encore garnis de figures. Haut. 7 p. 6 lig. larg. 9 p. 3 lig. B.

JEAN BOTH.

25 Un Tableau, Esquisse très-spirituellement touchée. Hauteur 12 p. larg. 9. B.

PAR LE MÊME.

26 Un Paysage orné de quatre figures. Haut. 19 p. larg. 24. B.

ANDRÉ BOTH.

26 *bis*. Une composition de diverses figures, dont une femme occupée à filer, & un homme qui remet son soulier. Haut. 15 p. larg. 14. B.

BARTHOLOMÉ BREEMBERG.

27 Un point de vue de paysage, avec fabriques & figures. Hauteur 14 p. larg. 22. T.

VANDER NEER.

28 Un paysage avec incendie, orné de beaucoup de figures. Haut. 18 p. larg. 22.

GUILL. DE HEUSS.

29 Un paysage avec figures, mêlé de quelques fabriques. Haut. 24 p. larg. 18. B.

VAN ARTOIS.

30 Un Tableau d'un détail agréable, représentant le point de vue d'un village de la Flandre. Haut. 18 p. larg. 24. T.

GERARD HOUET.

31 Un sujet de Céphale & Procris, composition agréable dans un paysage. Haut. 24 p. larg. 26. T.

A. PINAKER.

32 Un très-beau payage avec animaux & figures, par *Vander Does*. Ce morceau est de sa touche précieuse de cet Artiste. Haut. 15 p. larg. 18. T.

GUERARDS.

33 Un Tableau facilement peint, représentant différens

personnages à table au dehors d'une maison de campagne. Haut. 27 p. larg. 19. T.

LOUIS BACHUYSEN.

34 Une vue de Mer, avec navires & barques, artistement touchée. Haut. 24 p. larg. 30. T.

ADRIEN BRAUWER.

35 Un intérieur de Tabagie où l'on compte six figures de Paysans qui s'amusent à boire, fumer & chanter. Ce Tableau, d'une touche précise, offre un des morceaux de caractère de cet habile peintre. Haut. 11 pouc. larg. 9. B.

BAUT & BAUDWINS.

36 Deux Tableaux de paysage avec nombre de figures & divers animaux. Haut. 19 p. larg. 27. T.

PAR LE MÊME.

37 Deux autres Tableaux sans cadres, même genre des précédens. Haut. 14 p. larg. 18. T.

VAN BLOEMEN.

38 Deux Tableaux sujets de Bataille. Haut. 12 pouc. larg. 18. T.

Hernetz Dietricci.

39 Un Tableau dans le Style de *Rembrandt*, représentant une femme assise & occupée à lire. Haut. 12 p. larg. 10. B.

Bonaventure Peters.

40 Un Tableau sujet de Marine. Haut. 7 p. larg. 11. B.

Jean Looth & Lingelback.

41 Un très-beau Tableau, vue de paysage, orné de diverses figures, par *Lingelback*. Haut. 36 pouc. larg. 56. T.

Van der Meulen.

42 Deux Tableaux, de la touche la plus spiritelle, représentans des sujets de batailles. Haut. 4 pouc. 6 lig. larg. 7. B.

Van Bouck.

43 Différens animaux de basse-cour, parmi lesquels on remarque deux coqs qui se battent. Haut. 15 pouc. larg. 19. T.

Salomon Ruysdael.

44 Deux jolis Tableaux, vues de paysages; dans l'un on distingue des Pêcheurs dans un bateau; dans

l'autre, quatre Paysans sur une butte qui causent ensemble. Haut. 11 pouc. larg. 14. B.

Genre de P. BRIL.

45 Un petit Tabeau paysage très-fini, orné d'un sujet de chasse. Haut. 5 pouc. larg. 7. C.

VAN DER DOES.

46 Un bon Tableau de paysage orné de quelques animaux. Haut. 16 pouc. larg. 13. B.

PAR LE MÊME.

46 *bis*. Un autre Tableau, même genre, pris à l'effet d'une soirée. Haut.

FRÉDÉRIC MOUCHERON.

47 Un très-beau Tableau de paysage. Haut. 55 pouc. larg. 24. T.

ABRA. VAN DIEPENBECK.

48 Le Sacrifice d'Abraham. Haut. 78 p. larg. 60. T.

BRANDT ALLEMAND.

49 Une vue de paysage où passe une rivière; le premier plan est orné de quelques figures de Cavaliers indiquant un retour de chasse. Haut. 22. larg. 27. T.

P. Wouvermans.

50 Un Tableau de paysage avec figures & chevaux sur le premier plan, le sujet d'un repos de chasse. Haut. 22 pouc. larg. 24. B.

De Vries.

51 Une vue de paysage avec moulin à eau sur la gauche; on y remarque à droite une femme qui porte une corbeille de linge sur sa tête. Haut. 16 pouc. larg. 11. B.

Ecole de Rembrandt.

52 Une bonne Etude, buste de Vieillard. Haut. 9 p. larg. 7. B.

ÉCOLE FRANÇOISE.

N. POUSSIN.

53 Un Paysage de site montagneux, orné de trois figures. Haut. 26 p. larg. 36.

CLAUDE GELLÉ, dit *le Lorrain*.

54 Un beau Tableau de paysage, dont le premier plan est occupé par de belles terrasses, où sont distribuées quelques figures de la main de *Claude Lorrain*; des masses d'arbres qui se détachent dans les plans éloignés contribuent à la richesse de ce point de vue, dont l'effet est pris au lever du soleil. Haut. 70 p. larg. 15. T.

Attribué au même.

55 Un Paysage avec figures & animaux. Haut. 18 p. larg. 24. T.

EUSTACHE LE SUEUR.

56 Un Tableau d'une belle ordonnance de composition & d'une bonne couleur, représentant les Pellerins d'Emaüs. Haut. 37 p. larg. 50. T.

CHAMPAGNE.

CHAMPAGNE.

57 Un Tableau sujet de la Charité Romaine. Hauteur 39 p. larg. 48. T.

VIGNON.

58 Jésus-Christ devant Pilatre, composition de vingt-cinq figures. Ce Tableau présente un des ouvrages le plus capital de ce Peintre. Hauteur 40 pouc. larg. 76. T.

BAPTISTE MONNOYER.

59 Deux Tableaux de fleurs artistement touchés. Haut. 12 p. larg. 9. T.

NOEL COYPEL.

60 Un Tableau sujet de la fuite en Egypte. Haut. 17 p. larg. 14. T.

PIERRE PATEL.

61 Une Vue de paysage & rivière prise dans un tems de neige. Haut. 16 p. larg. 26. T.

CHARLES DE LA FOSSE.

62 Agar & Ismaël dans le désert, esquisse du ton de

couleur le plus vigoureux. Hauteur 14 pouc. larg. 18. B.

LAURENT DE LA HIRE.

63 Un très-beau Tableau de paysage, avec architecture & quelques personnages. Haut. 36 p. larg. 39. T.

SUBLEYRAS.

64 Le petit Tableau d'un des grands ouvrages de cet Artiste pour une Eglise de Rome, représentant la Magdeleine pénitente dans le désert. Cette figure, de caractère, est représentée assise dans l'expression du repentir & adorant la Croix. Trois jolies têtes de Chérubins forment accessoires dans le haut & sur la droite de la composition. Haut. 18 p. larg. 14. T.

J.-B. PATER.

65 Un Tableau de la plus belle couleur par cet Artiste, spirituel dans sa touche. Il représente un sujet de six figures, hommes & femmes, dans un jardin champêtre. Haut. 17 p. larg. 14. T.

CARLE VAN LOO.

66 Une Tête d'Etude, largement touchée. Hauteur 17 p. larg. 14. T.

&

JEAURAT.

67 Deux Tableaux sujets d'histoire. Haut. 20 p. larg. 24. T.

J. VERNET.

68 Une belle Etude de paysage faite en Italie. Ce morceau est de la touche ferme & savante de *Vernet*. Haut. 27 p. larg. 22. T.

HUBERT ROBERT.

69 Un Tableau touché avec autant de facilité que d'intelligence & de goût, représentant des monumens de Rome, avec diverses figures. Haut. 24 p. larg. 30. T.

HONORÉ FRAGONARD.

70 Un Point de vue de paysage touché dans le style de *Ruysdael*. Haut. 28 p. larg. 21. T.

BOUNIET.

71 Un Paysage de forme ovale, avec quelques figures. Haut. 17 p. larg. 14. B.

REGNAULT.

72 Un Tableau de forme ovale & très-gracieux, repré-

B 2

sentant une femme couchée & vue par le dos. Haut. 13 p. larg. 16. T.

De Marne.

73 Deux Sujets d'intérieurs, composés chacun de quatre figures dans le costume espagnol. Ces deux morceaux, d'un effet piquant, sont aussi très-intéressant par leurs compositions & l'agrément de la couleur. Haut. 12 p. larg. 9. B.

Par le même.

74 Un point de vue de paysage. Haut. 9 p. larg. 12. B.

Mme Costere.

75 Un bon Tableau de genre, offiant, avec beaucoup d'illusion, des ustensiles de mathématiques, un vase de porcelaine, des livres, &c. Haut. 21 p. larg. 27. T.

Lafontaine.

76 Un Intérieur d'Eglise éclairé au jour & orné de quelques figures. Haut. 8 p. larg. 10. B.

Charpentier.

77 Un Tableau représentant une femme qui revient de travailler du Champ de Mars. Haut. 16 pouc. larg. 20. T.

ETIENNE LE SUEUR.

78 Deux Tableaux offrant des points de vues de paysages agréables. Haut. 9 p. larg. 13. T.

PAR LE MÊME.

79 Un autre grand Tableau de paysage représentant une vue d'Italie, exécuté dans le style *du Poussin*. Haut. 48 p. larg. 66. T.

SUEBACK.

80 Un joli Tableau de paysage avec figures. Haut. 6 p. larg. 8. B.

D'après VERNET.

81 Une Marine, dont le rivage est orné de différentes figures. Ce Tableau, d'une touche facile, est rendu à l'effet d'un clair de lune. Hauteur 24 pouc. larg. 30. T.

CHASLE.

82 Une jolie Villageoise portant une corbeil de fleurs sur sa tête, & dans l'attitude de courir. Hauteur 14 p. larg. 10. T.

PAR LE MÊME.

83 Deux autres Tableaux, même forme & aussi facilement touchés.

COTIBERT.

84 Deux Vues de paysages faites d'après nature dans le pays de Caux.

PAR LE MÊME.

85 Deux autres Tableaux, même genre.

TABLEAUX

DE DIFFÉRENTES ÉCOLES.

86 Jupiter & Danaé, bon Tableau de l'Ecole d'Italie, Haut. 48 p. larg. 36. T.

87 Un autre bon Tableau colorié, dans le style de *Rubens*, représentant un sujet de la Magdeleine vu à mi-corps. Haut. 29 p. larg. 24. T.

88 Un Paysage avec chaumières & figures, touché dans le genre de *Ruysdael*. Haut. 17 p. larg. 24. T.

89 Un Tableau, sujet d'histoire, par un Artiste moderne. Haut. 36 p. larg. 48. T.

90 Un Paysage, avec figures & animaux, style de *Berghem*. Haut. 27 p. larg. 35. T.

91 Un Tableau touché dans le style de *Ricaert*, représentant des personnages à table au-dehors d'un cabaret. Haut. 24 p. larg. 30. T.

92 Une Vue de mer, avec navires & barques, dans le style de *Van de Velde*. Haut. 21 p. larg. 27. T.

93 Le Jugement de Pâris. Haut 22 p. larg. 27. T.

94 Deux Tableaux de paysage, avec figures, dans le style de *Veraghen*. Haut. 16 p. larg. 19. T.

95 Deux Tableaux de paysage, avec figures, touchées librement, dans le style de *Van Artois*. Haut. 12 p. larg. 17. B.

96 Un Tableau de forme ovale, représentant des ruines entourées d'un lac, & dans lequel passe un homme à cheval, vêtu de rouge. Haut. 8 p. larg. 11. T.

97 Un Tableau de paysage, copie exacte d'après *Winantz*. Haut. 12 p larg. 13. B.

98 Le Point de vue d'un port de mer. Haut. 9 p. larg. 13. T.

99 Un Paysage, avec ruines, figures & animaux, par un Disciple de l'habile Artiste *Taunay*. Haut. 11 p. larg. 9. B.

100 Deux Paysages, avec chaumières & figures, par un des *Molneart*. Haut. 13 p. larg. 19. B.

101 Un petit Tableau de forme ovale, sujet de l'Enlèvement d'Europe. Haut. 4 p. larg. 3.

102 Un Tableau copie d'après *l'Albanne*, sujet des Graces qui lutinent des Amours. Haut. 44 p. larg. 30. T.

103 Quatre petits Tableaux, sujets de paysages, & une Visitation de Ste-Elisabeth.

103 *bis*. Quarante Tableaux de tous genres qui seront détaillés.

Gouaches, Dessins & Miniatures sous verres.

104 Un très-beau morceau fait à la gouache, par *Gattebois*, offrant un point de vue de paysage orné de quelques figures. Haut. 19 p. larg. 24.

105 Quatre belles Gouaches paysages, avec architecture, par *Etienne le Sueur*. Haut 20 p. larg. 29.

106 Deux autres Paysages agréables, par le même Artiste. Haut. 19 p. larg. 24.

107 Deux Miniatures sur vélin, offrant différens sujets, dont l'attelier d'un Peintre. Haut. 8 p. larg. 6.

108 Deux autres morceaux de paysages. Haut. 13 p. larg. 10.

109 Une Tête de fantaisie, peinte en miniature & de forme ovale, par Mme *Fragonard*.

BAUDOIN.

110 Un morceau de forme ovale, peint à la gouache, représentant une femme dans un jardin qui est en-

vironnée de plusieurs Amours, & paroît occupée d'une lecture agréable. Haut. 13 pouc. larg. 10.

111 Moïse exposé sur les eaux, dessin lavé au bistre, par *Nicolas Poussin.*

112 Un sujet de Nativité, lavé à l'encre de la Chine, par *Louis Carrache.*

113 Un autre dessin, sujet allégorique, par *Julles Romain.*

114 Un autre, par *Lucas Combiasio Genovese*, sujet de Jacob qui lutte avec l'Ange.

115 Une étude coloriée par *Salvator Rosa*, représentant des Soldats.

116 Deux sujets de Sacrifices, peints en miniature, mêlés de gouaches. Ces morceaux de forme ovale, font d'un grand détail. Haut. 14 pouc. larg. 20.

117 Un dessin de paysage fait à la pierre noire sur papier blanc, par *J. Vernet.*

118 Un beau dessin lavé de bistre, par *Mouette*, représentant une Fête à Bacchus. Haut. 18 pouces larg. 24.

119 Un dessin lavé à l'encre de la Chine & rehaussé

de blanc sur papier gris, représentant la mort de Séneque, par *Chaise*, très-habile Artiste moderne.

120 Trois dessins par *Delarue*; ils sont faits à la plume sur papier blanc.

120 *bis*. Un autre dessin, par le même, représentant le départ de Coriolan pour assiéger Rome.

121 Un dessin lavé au bistre & rehaussé de blanc, par *Echard*.

122 Deux dessins, vues d'Italie, par *Etienne le Sueur*. Ils sont faits à la pierre noire.

123 Une étude du Gladiateur antique, faite sur papier bleu par *Galliat*.

123 *bis*. Différens bons dessins sous verre & en feuilles dont on fera des lots dans le cours de la Vente.

124 Quatre dessins par *de le Bella* & *Wouvermans*, représentans des études de têtes, faites à la plume & des chevaux à l'encre de la Chine.

125 Deux Dessins par *F. Boucher*, l'un aux trois crayons, mêlé de pastel, sujet de trois figures dont une jeune femme qui tient un lapin; l'autre à la plume, lavé de sanguine, représentant une Villageoise & ses enfans.

116 Dix desssins par *Blomaert*, *Permezan*, *Le Sueur*, *Rembrandt*, *&c.*

---

117 Huit articles d'objets curieux en différens genres qui seront détaillés sous ce Numéro.

Marbres, Bronzes & Porcelaines.

128 Un Buste collossal de Jupiter ou Neptune. Ce morceau capital & de la plus belle fonte romaine, présente un de ses chefs-d'œuvres marquant qui se rencontre très-rarement dans le mouvement de la curiosité, l'artiste qui en a fait la sizelure y a conservé le beau caractère de l'antique.

129 Les Portraits en pied, proportion de 15 p., de Voltaire & J. J. Rousseau, modèles en terre, par un Artiste de mérite.

130 Deux petits Bronzes, Vulcain & Vénus.

131 Plusieurs belles Figures tant en marbre qu'en bronze qui seront détaillées.

132 Deux Vases d'albatre, d'Italie, garnis d'ornemens en forme de bayres, dorés au mat.

133 Deux Vases ou Cuves de forme antique en marbre rougeâtre, garnis de griffes de lions en cuivre doré au mat.

134 Différens vases de marbre qui seront rendus par couples.

135 Deux belles Bouteilles de porcelaine ancienne, forme de gourde, garnies de colets & pieds en cuivre doré.

136 Deux beaux Vases de porcelaine blanche, garnis de trois têtes de coq, avec chaînons & autres ornemens dorés au mat.

137 Deux Urnes à huit pans de porcelaine de Sève, garnies de gorges & pieds en cuivre doré.

Pendules de différens modèles, Candelabres, flambeaux, Bras & Feux dorés, &c. &c.

138 Une très-belle Pendule, mouvement de Lepaute, Paris, décorée de figures dorées au mat, sujet de l'offrande à l'Amour. Cette pièce soignée dans la partie de la mécanique, est aussi parfaitement dorée.

139 Une pendule de marbre noir, désignée sous le titre du tombeau de l'amour; cette pièce est décorée de divers ornemens en bronze, dorés au mat.

140 Une autre pendule, dite à arcade, mouvement à jour & à quantième; les ornemens sont de bonne dorure au mat.

141 Un mouvement ancien, du nom *de Dalmagne*, sonnant l'heure & reveil, à spiral, dans une boëte de cuivre doré; cette pièce se nomme un pavé.

141 Plusieurs pendules de différens modèles, gênles & dorures, qui seront détaillées sous ce numéro.

143 Une paire de flambeaux de table, dorés d'or moulu.

144 Une tasse à anses & sa soucoupe, amalgamées d'une forte dorure au mat; cette pièce est très-sûre pour l'usage.

145 Une jolie paire de girandoles à figures d'enfans & à trois branches.

146 Une autre jolie paire de girandoles à trois branches, avec le corps en marbre blanc.

147 Une charmante paire de flambeaux à figures de femmes, dans le style Egyptien, en bronze, de couleur antique, portant chacune une bobêche; ces morceaux de bon genre sont du plus nouveau modèle.

148 Trois paires de flambeaux, dorés, de différens modèles, qui seront vendus par couple.

149 Deux paires de bras, de bons modèles bien dorés.

150 Plusieurs feux dorés, girandoles, candélabres, bras & flambeaux qui seront détaillés.

MEUBLES.

151 Un très-beau Bureau d'acajou plein, richement garni de fontes en bronze doré, avec son caisson, serre-papier & pendule de bon genre.

152 Un autre moyen Bureau en bois de placage, garni de filets de cuivre doré, avec caisson & serre-papier.

153 Une table pour écrire debout, garnie de ses tablettes.

154 Un Secrétaire en bois d'acajou de forme en armoire, avec dessus de marbre blanc.

155 Deux Servantes de même bois, garnies de moulures en cuivre doré.

156 Une Table ronde à dessus de marbre blanc, tapis vert & maroquin.

157 Une très-belle toilette d'homme, garnie de ses accessoires, & tablette de marbre blanc.

158 Une Table dite à la Tronchin.

159 Un Ecran avec Secrétaire.

160 Une petite Console avec marbre blanc & galerie de cuivre doré.

161 Une très-belle toilette d'acajou, avec sa glace de toute la grandeur du dessus.

162 Différens meubles d'acajou d'ébénisterie, *de Boulle*, qui seront détaillés dans le cours de la vente.

163 Différens lots de vieilles bordures dorées & autres objets non décrits, seront détaillés sous ce Numéro.

FIN.

De l'Imprimerie du JOURNAL DE PARIS, rue J.-J. Rousseau, N° 14. 1793.

www.ingramcontent.com/pod-product-compliance
Lightning Source LLC
Chambersburg PA
CBHW030124230526
45469CB00005B/1782

* 9 7 8 2 0 1 2 7 4 1 4 1 6 *